INSTA(...)

MARKETING

La guida per costruire un marchio personale e un business con Instagram. Suggerimenti e consigli su come ottenere follower e vendite.

Marco Solari

Disconoscimento

informazioni e le ricette contenute nel libro si
basano su un'ampia ricerca condotta
dall'autore. Le fonti utilizzate per la ricerca
sono credibili e autentiche al meglio delle
nostre conoscenze. Il programma di
nutrizione è progettato per uomini e donne
che non hanno problemi di salute. Prima di
usare questo libro, assicurati di consultare un
medico. In nessun caso l'autore sarà

Table of Contents

INTRODUZIONE

Instagram, una piattaforma per la condivisione di foto, sta rivoluzionando il modo in cui le aziende interagiscono con la clientela. I clienti si aspettano di trovare marchi su Instagram che comunicano informazioni tramite foto curate nel dettaglio. Questo pone un problema per molte aziende, obbligandole ad intraprendere nuove tecniche per fare marketing. Con un'utenza mensile di 300 milioni di utenti in continua crescita, le aziende che riescono ad utilizzare questo strumento correttamente aumentano esponenzialmente il numero di clienti.

Instagram forza i venditori a sviluppare nuovi metodi per attirare l'attenzione degli utenti e rafforzare il marchio. Ora le aziende non presentano più il loro prodotto mediante creatori dedicati, ma devono anche lavorare come artisti per raggiungere l'utenza di Instagram. Instagram è una piattaforma online per dispositivi mobili per condividere foto, video e che permette ai suoi utenti di utilizzare servizi tipici di un social network. Gli utenti possono anche condividere il contenuto su una vasta scelta di altri siti, come Facebook o Twitter.

Una funzione particolare di Instagram è quella di inserire le foto in un contorno quadrato come nelle Polaroid e di poter applicare vari filtri, ma è anche una piattaforma che fornisce alle grandi aziende la possibilità di farsi pubblicità. Milioni di persone utilizzano Instagram per trarre ispirazione o ottime immagini. Le aziende non avranno problemi a trovare persone che hanno una mentalità aperta. Questo è dato anche dalla caratteristica di Instagram di mettere il contenuto fotografico al centro. Gli utenti sono attirati da Instagram a causa dell'ambiente creativo che fornisce.

Instagram è uno strumento che le aziende dovrebbero utilizzare al meglio. Ora come ora,

Instagram è la soluzione migliore per il marketing. La generazione dei "Millennials" è diventata molto abile nel distinguere la pubblicità vecchia da quella nuova. Molti bersagli dei venditori stanno già evitando la pubblicità tradizionale con strumenti come AdBlock, Netflix e piratando, ma utilizzando Instagram è possibile raggiungere queste persone direttamente, con la possibilità di condividere un messaggio interessante e che ricorderanno.

MARKETING SU INSTAGRAM PER LA TUA AZIENDA

Milioni di persone nel mondo usano Instagram. Lo utilizzano perché è semplice condividere foto con gli amici, e a molte persone questo piace. Oltre che per stabilire dei contatti, Instagram può anche essere utilizzato per fare marketing. È quindi un ottimo strumento che puoi utilizzare per promuovere il tuo business online.

RACCONTA DELLE STORIE UTILIZZANDO FOTO E VIDEO

Una foto vale mille parole, e Instagram si basa proprio su quelle. Se usi Instagram per il marketing, allora dovresti sapere che le foto normali non funzionano. Devi costantemente pubblicare foto del tuo prodotto, per fare in modo di aumentare le vendite e i profitti il più possibile. Le foto non devono essere per forza professionali. L'obiettivo principale delle foto dovrebbe essere quello di mettere in risalto lo scopo e la funzione dei prodotti che stai vendendo. Le foto devono essere inoltre interessanti per la maggior parte dell'utenza.

Anche i video sono importanti per il marketing su Instagram. Puoi creare e condividere un video da condividere con i tuoi impiegati. Puoi anche scegliere di trasmettere in diretta la recensione di un prodotto e di condividerlo. Le foto e i video sono più interessanti di un lungo testo. I file multimediali hanno una maggiore possibilità di diventare virali e saranno anche ricordati più semplicemente. Devi creare foto e video che mettono in evidenza la storia e i valori dell'azienda, quindi questi strumenti sono molto importanti per te.

UTILIZZA MATERIALE DI QUALITÀ

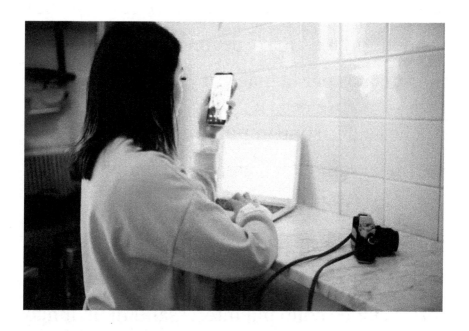

Per ottenere maggiore visibilità devi essere in grado di condividere foto e video di alta qualità, se non sei in grado potrebbe essere utile consultare un esperto in fotografia. Prova a scattare le foto nel miglior angolo possibile, modifica le foto per ottenere il miglior risultato possibile, anche utilizzando i programmi di editing per i dispositivi mobili, dei quali molti sono presenti anche su Instagram.

CONNETTITI CON I TUOI CLIENTI

Restare in contatto con il cliente è fondamentale, in particolare per far crescere i piccoli business. Puoi iniziare mostrando ai tuoi clienti di essere interessato a cosa pensano del prodotto, magari rispondendo a domande e commenti. Questo ti fornirà del contenuto generato dagli utenti e una maggiore credibilità come azienda. I tuoi seguaci possono influenzare il successo della tua impresa e non dovresti sottovalutare questo aspetto.

USA GLI HASHTAG

Gli hashtag sono importantissimi per il marketing su Instagram, per questo dovresti usarli. Gli hashtag permettono agli utenti di cercare il tuo contenuto in base alla categoria e aumentano il numero di seguaci e di mi piace. Sono anche fondamentali per permettere ad un contenuto di diventare virale, in particolare sfruttando gli hashtag di tendenza correlati con il tuo prodotto.

UTILIZZA HASHTAG PERSONALIZZATI

Dovresti includere degli hashtag con il tuo marchio all'interno nei post dei tuoi prodotti. Utilizza anche particolari hashtag per delle campagne o delle offerte. Questo non aumenterà solo il prodotto, ma darà anche la possibilità ai tuoi clienti di condividere l'evento con gli amici e sul loro profilo.

SII AMICHEVOLE CON TUTTI

Mentre fai marketing su Instagram, devi ricordare che la comunità alla base di questa applicazione è composta da utenti che hanno una mentalità e punti di vista diversi, quindi è necessario che tu sia cortese ed amichevole con tutti. Ricordati sempre di ascoltare ciò che i tuoi clienti hanno da dire.

SII ATTIVO

Pubblica almeno una volta al giorno e assicurati che i tuoi clienti siano sempre al corrente di ciò che sta succedendo. Puoi anche provare a pubblicare contenuti in diverse ore del giorno per vedere quale è il momento migliore.

COSTANZA

La costanza è fondamentale su Instagram. Essere costanti con le pubblicazioni permette ai tuoi clienti di essere sempre aggiornati su ciò che accade e di essere preparati ad eventuali novità.

COLLEGA I TUOI ACCOUNT DI INSTAGRAM E DI FACEBOOK

Collega i tuoi account di Instagram e di Facebook per ottenere migliori risultati. Al giorno d'oggi, puoi visualizzare il tuo profilo di Instagram dalla tua pagina di Facebook. Questo ti permette di condividere le foto anche con chi ti segue su Facebook se hai una pagina.

Puoi collegarti con il mondo attraverso Instagram. E il marketing su questa piattaforma può aumentare la visibilità dei tuoi prodotti e aumentare le vendite e i profitti. Ricordati dei consigli sopra citati per ottenere il successo.

OTTIMIZZARE IL MARKETING SU INSTAGRAM

Instagram si sta diffondendo tra i marchi più famosi come strumento di marketing. Alle persone piace ricevere stimolazioni visive, che è il meccanismo che permette ai social network di essere così efficaci e diffusi.

Quando utilizzi i social network per condividere foto correlate al tuo business, creerai forti rapporti con la tua clientela attuale e aggiungerai nuovi clienti. Non solo puoi promuovere foto dei prodotti e delle persone che lavorano duramente per la tua azienda (anche se ci sei solo te e il tuo cucciolo!), ma puoi anche incoraggiare i clienti a condividere le foto dei tuoi prodotti con te o sul loro profilo.

È semplice perdere traccia del tempo quando esegui l'accesso su Instagram, dove puoi perdere anche un'ora senza accorgertene scorrendo tra infinite immagini sulla pagina principale.

Passare del tempo online è importante per la tua azienda, ma se non è tempo speso con intelligenza, allora è solo tempo buttato. Il tempo che sprechi non ti aiuta a migliorare il tuo business, questo è il motivo per cui devi decidere in precedenza quanto tempo vuoi passare su Instagram.

Prima di iniziare la tua giornata, decidi quanto tempo vuoi passare sui social network. Non superare questo limite in modo da essere sicuro di completare il tuo compito principale in tempo e in modo che tu non perda più tempo del previsto in Internet.

Ogni volta che accedi a Instagram assicurati di seguire i consigli che sto per elencarti per mantenere un livello di efficienza alto per far crescere il tuo business.

1)AUMENTA IL NUMERO DI PERSONE CHE SEGUI

Passa almeno 10-15 minuti al giorno per cercare utenti su Instagram che potrebbero essere futuri clienti. Puoi fare ciò dando una rapida occhiata a chi segue la tua competizione. Cerca persone che hanno più interazione con i marchi che seguono e che potrebbero interagire con te. Stanno lasciando mi piace e commenti spesso?

Dato che Instagram è un continuo scambio di mi piace e di seguaci, assicurati di seguire il maggior numero di persone, aziende e blogger possibili. Assicurati anche di commentare e mettere mi piace costantemente.

2)CONDIVIDI IL TUO CONTENUTO

Prenditi 10 minuti al giorno per creare contenuto unico da aggiungere alla tua pagina di Instagram. Le persone vogliono vederti interessato in ciò che fai se stanno pensando di seguirti. Se guardano il tuo profilo e vedono che hai aggiunto solo 2 foto nell'ultimo mese non hanno motivi per seguirti.

Se non hai niente di particolare da condividere, decidi quanto tempo al giorno dedicare per creare nuovo contenuto. Puoi pubblicare foto del tuo prodotto, del tuo ufficio o di altro e modificarle a tuo piacimento.

3)SII INTERATTIVO

Non c'è da stupirsi se quando hai un account su un social network le persone si aspettino che tu sia "Social". È inutile iscriversi ad Instagram e aspettare che le persone ti seguano.

Per avere successo nelle vendite su Instagram, devi essere attivo. Rispondi ai commenti sulle tue foto, anche se con un semplice "grazie". Fai domande e incoraggia il dialogo con i tuoi clienti.

Visita i profili dei tuoi seguaci e di chi ti lascia mi piace e commenti. Mostrare alla tua clientela che sei interessato in loro ti permetterà di costruire una base solida per la tua azienda.

Instagram sarà popolare ancora per molto tempo. Per essere il più efficiente possibile devi essere disposto a dedicare del tempo alla tua pagina.

Stai già usando Instagram per pubblicizzare la tua azienda? Come sta andando?

CAPITOLO 1

INSTAGRAM PER LE AZIENDE: TUTTO QUELLO CHE DEVI SAPERE

È difficile pensare che siano passati solo 7 anni da quando Instagram ha introdotto i filtri e le foto stile Polaroid. Da quando fu lanciato, nel 2010, Instagram ha coinvolto tutto il mondo, sembra quasi che chiunque – e il loro cane –

lo abbia. Anche te probabilmente ami scorrere tra le foto consigliate, ma non sai se la tua azienda può avere successo sulla piattaforma. Per conoscere la risposta ti basta guardare delle statistiche: il 28% di tutti gli adulti degli Stati Uniti usa Instagram, e più del 75% della sua utenza vive al di fuori degli Stati Uniti. Con una base di 700 milioni di utenti attivi mensilmente, Instagram non è più solo per uso personale, ma è diventato uno strumento globale che permette alle aziende di rendere i loro prodotti più appetibili per gli utenti.

Non solo Instagram ha una ampia base di utenti, sono anche molto attivi. Più di metà degli utenti (51%) visitano la piattaforma ogni giorno, e il 35% lo controlla diverse volte al giorno.

Instagram è perfetto per introdurre nuovi prodotti. Il 70% di tutti gli utenti hanno cercato un marchio sulla piattaforma. Con Instagram puoi promuovere un prodotto senza venderlo direttamente ai tuoi clienti.

Ok, vuoi provare ad utilizzare Instagram, ma non sai da dove iniziare. Nessun problema! Sappiamo che una piattaforma come Instagram può essere un po' spaventosa all'inizio. Questo è il motivo per cui abbiamo creato questa guida su come fare marketing in Instagram.

COME FUNZIONA INSTAGRAM?

Creare il tuo Profilo

Anche se si può accedere da un computer, Instagram è principalmente un'applicazione per cellulari, quindi devi scaricarla prima di poter creare un account. Instagram è gratis sia sull'App Store che su Google Play

Per registrarti, puoi collegarti con Facebook oppure usando l'email. Se ti registri non Facebook le tue informazioni verranno inserite in automatico, come il nome e la foto profilo, ma verrai mandato su una pagina in cui scegliere lo username e la password.

Molto probabilmente dovrai convertire l'account della tua azienda in un "account aziendale" per poter ricevere dati dettagliati. Per fare ciò, dovrai connettere il tuo account di

Instagram con la pagina Facebook dell'azienda seguendo le istruzioni che troverai nell'applicazione cliccando su "Passa ad un account aziendale" (in Impostazioni).

Una volta creato il tuo account Instagram, puoi andare nella pagina del profilo (il bottone a destra del tuo schermo) e cliccando il bottone "Modifica il tuo Profilo" per cambiare il nome, lo username e la foto profilo, o per aggiungere un sito e una breve descrizione (massimo 150 caratteri).

Per cambiare le impostazioni dell'applicazione, clicca il bottone con l'ingranaggio nell'angolo in alto a destra. Da qui puoi anche vedere i post a cui hai messo mi piace, trovare persone da seguire, attivare l'account privato, contattare il supporto o cancellare la cronologia di ricerca.

UTILIZZARE L'APPLICAZIONE

Usare l'applicazione di Instagram è abbastanza semplice. Quando lo apri ti troverai sulla pagina principale. Da qui vedrai una serie infinita di post degli utenti che segui, post sponsorizzati in base ai tuoi interessi e i tuoi post, se ne hai pubblicati.

Nella parte inferiore dell'applicazione troverai 5 bottoni: Home, Cerca, aggiungi (una fotocamera, tramite la quale puoi pubblicare nuove foto e video sul tuo profilo), un bottone con il cuore (dove puoi vedere chi ha messo mi piace ai tuoi post) e la pagina del tuo profilo.

La barra di ricerca ti aiuterà a trovare nuovo contenuto interessante e nuovi utenti da seguire. Utilizzando la barra di ricerca puoi cercare per tipo di contenuto, utente o hashtag. Se non selezioni una categoria, l'applicazione ti manderà alla top che mostrerà i risultati di ricerca più popolari per quel termine.

Vedrai anche una colonna orizzontale con delle foto che saranno i tag di tendenza e, sotto a questi, una serie di post popolari. Queste funzioni sono perfette per trovare altre persone e aziende, i quali interessi corrispondono ai tuoi, e per seguire utenti con contenuto simile.

Nella pagina delle attività (il tasto con il cuore), vedrai due sezioni in cima alla pagina: Seguiti e Te. La pagina Te è quella principale dove puoi vedere le notifiche recenti, chi ti ha seguito, chi ha messo mi piace alle tue foto, commentato o chi ti ha menzionato nel delle foto. Nell'altra sezione, invece, vedrai attività recente dagli utenti che stai seguendo e altre foto a cui hanno messo mi piace o hanno commentato.

La sezione del tuo profilo è dove puoi vedere tutti i tuoi post, modificare il tuo profilo e aggiornare le tue impostazioni. Sotto la descrizione puoi visualizzare i tuoi contenuti in 4 modi diversi: come collezione di icone, come post più recenti (di default) oppure una serie di foto tutto schermo. Puoi anche vedere una collezione di foto in cui gli altri utenti ti hanno menzionato.

CREARE CONTENUTO

Instagram permette agli utenti di pubblicare foto e video sulla piattaforma, come anche le "Storie" e le dirette.

AGGIUNGERE FOTO

Per pubblicare una nuova foto, premi su Aggiungi (fotocamera) nella parte bassa del tuo schermo. Questo aprirà la fotocamera del tuo telefono e potrai scegliere se scattare una nuova foto o video, o se selezionarne uno dalla tua galleria.

Dopo aver cliccato avanti, sarai portato ad una schermata con più opzioni, inclusi i filtri di Instagram e il bottone modifica che ti permetterà di modificare la foto cambiando la luminosità, il contrasto, la struttura, la saturazione, il colore e le ombre. Puoi anche aggiungere una vignetta o girare la foto.

Quando avrai finito di modificare la foto a tuo piacimento, premi Avanti. Questo ti darà due opzioni: puoi pubblicare la foto oppure mandarla ad un amico.

Se decidi di pubblicarla, scrivi una descrizione, aggiungi un geotag, aggiungi gli hashtag e condividila su più piattaforme. Hai anche l'opzione di disattivare i commenti, che puoi trovare in fondo alla sezione impostazioni avanzate.

Se decidi di inviare la foto ad un amico ti basta aggiungere una descrizione e mandarla ad uno o più amici.

Prima di pubblicare una foto, dovresti considerare di aggiungere gli hashtag per un miglior raggiungimento degli utenti. Per esempio, le foto dei cani spesso hanno l'hashtag DogsofInstagram, mentre foto del cibo potrebbero avere il tag Food. Gli utenti di Instagram usano spesso la ricerca per hashtag. Ricordati di utilizzare questa funzione per ottenere più seguaci interessati nella tua azienda.

Se vuoi cambiare o aggiungere qualcosa a un post che hai pubblicato, premi i tre puntini su quel post e seleziona Modifica per aggiornare la descrizione, aggiungere un posto o hashtag. Puoi anche condividere il post su altre piattaforme o eliminarlo se non ti piace.

INSTAGRAM STORIES

Hai mai sentito della novità di Instagram: il contenuto che si auto elimina (sia foto che video)? Questa funzione si chiama "Instagram stories", post che scompaiono dopo 24 ore.

Sopra la pagina principale è presente una barra orizzontale che contiene le foto delle persone che segui e la foto del tuo profilo con il simbolo di una più. quando selezioni la tua foto, si apre un'altra interfaccia con l'opzione "Diretta", "Normale", "Boomerang" e "Senza mani", che registra un video senza che tu prema il bottone.

Puoi anche disegnare sulla foto o sul video toccando l'icona della penna in alto a destra e aggiungere degli adesivi cliccando sulla corrispettiva icona, o aggiungere del testo con l'icona "Aa". Per aggiungere il contenuto alla tua storia, clicca sull'icona della fotocamera in basso a sinistra.

Queste funzioni sono molto simili a quelle di snapchat, quindi, se sei familiare con quella piattaforma, dovrebbe essere più semplice utilizzarle.

INSTAGRAM VIDEO

In aggiunta alle Instagram stories, gli utenti possono anche trasmettere dirette che scompaiono come su Facebook e snapchat. Puoi fornire ai tuoi clienti un'esperienza dal vivo del dietro le scene del tuo business, o rispondere alle domande che ti fanno nei commenti. Una volta terminata la diretta, il video non è più accessibile da nessuna parte, il che lo rende diverso da Facebook.

Se invece vuoi caricare un video che rimane sul tuo profilo, puoi caricarlo o registrarlo direttamente dall'applicazione. Se scegli di caricare un video, puoi comunque aggiungere filtri e cambiare la copertina. Hai anche l'opzione di includere l'audio.

ACCESSO DAL BROWSER

Puoi accedere ad Instagram sul browser da Instagram.com, ma le funzioni sono molto limitate. Puoi eseguire l'accesso vedere il tuo profilo e il profilo di altri utenti, mettere mi piace e commentare le foto. Tuttavia non puoi modificare e condividere foto o utilizzare la funzione di ricerca. Puoi modificare il tuo profilo e le impostazioni, ma non puoi modificare la tua foto profilo fino a quando non esegui l'accesso dall'applicazione. Non puoi nemmeno vedere la lista dei tuoi follower.

Interagire con Altri Utenti di Instagram

Ci sono molti modi per interagire con altri utenti su Instagram. Per esempio, puoi taggare gli altri utenti sulle tue foto o mandargli messaggi privati.

MI PIACE:

Mettere mi piace è un modo semplice per connettersi con altri utenti. Per mettere mi piace ad una foto, puoi cliccarla due volte o cliccare il simbolo del cuore. Per vedere le foto a cui hai messo mi piace, vai sul tuo profilo, e premi il simbolo delle impostazioni in alto a destra, poi seleziona i post che ti piacciono.

COMMENTARE:

Un altro modo per interagire tra utenti è quello di commentare. Vicino al bottone del mi piace, è presente un bottone per i commenti, cliccalo e l'applicazione ti porterà alla sezione dei commenti per quel post. Li troverai uno spazio dove puoi scrivere il commento e cliccare invia quando hai finito.

Menzionare:

come su Twitter, puoi usare il simbolo @ per taggare altri utenti nei commenti o nelle descrizioni dei post. Quando usi il simbolo @, seguito dalla prima lettera di uno username, si aprirà una lista di persone dalla quale puoi selezionare chi menzionare. Oppure puoi semplicemente digitare il nome della persona che vuoi menzionare. Se vuoi rispondere al commento di un altro utente, dovrai taggare la persona in questo modo, altrimenti l'altro utente non riceverà una notifica.

Taggare: come su Facebook, puoi aggiungere dei tag prima di postare un'immagine o un video. Per fare questo, seleziona l'opzione "Tagga persone" prima di pubblicare il video, e clicca nella foto dove vorresti aggiungere il tag. L'applicazione ti porterà quindi a scegliere il nome della persona e a cercare il suo account. Una volta taggato qualcuno in un tuo post, le persone potranno cliccare sul tag per vedere chi è quella persona.

Messaggi diretti: per accedere ad Instagram Direct, vai sulla pagina principale e clicca il bottone in alto a destra. Da qui puoi mandare messaggi privati istantaneamente, foto e video ad altri utenti. Per mandare un nuovo messaggio diretto (DM), clicca il bottone "+" in alto a destra e seleziona Manda foto, video o manda un messaggio. Una volta mandato il messaggio tu e il ricevente potrete scambiarvi messaggi istantanei. Gli utenti che non ti stanno già seguendo riceveranno un messaggio che gli chiede se permetterti di mandare altre foto e video prima di visualizzare il tuo messaggio.

HASHTAGS E INSTAGRAM

Usare gli hashtag è un ottimo modo per raggiungere un maggior numero di utenti, come anche su Twitter. Gli hashtag possono includere lettere e numeri, ma non possono contenere simboli non numerici (DaveAndBusters può andare bene, ma Dave&Busters no).

Dato che gli utenti possono sia cercare gli hashtag che cliccare quelli che vedono su altri post, usare hashtag popolari può portare a molta esposizione. Tuttavia, come su Twitter, devi assicurare di usare gli hashtag giusti e di non star esagerando.

Gli hashtag come nofilter (una foto che non è stata modificata), selfie (una foto di te stesso) e tbt, o throwbackthursday, (una foto vecchia) sono tutti molto popolari su Instagram, ma non sono molto adatti ad un'azienda. Può essere d'aiuto guardare i post di altre aziende e marchi per prendere ispirazione su che hashtag usare.

Instagram permette di inserire fino a 30 hashtag in un post o commento, ma usarne così tanti sarebbe eccessivo. Un minor numero di hashtag di maggiore qualità può portare a migliori risultati. Usare molti hashtag popolari potrebbe farti avere più mi piace, ma non aumenterebbe i tuoi seguaci di molto, e le interazioni che riceveresti non sarebbero da persone interessate alla tua azienda, ma da chi ha visto la tua immagine e la ha trovata interessante.

GEOTAG SU INSTAGRAM

Instagram ti permette di aggiungere la tua posizione alle foto quando le pubblichi e, se lo utilizzi, Instagram creerà una mappa fotografica per i tuoi post. Questo ti permette di vedere su una mappa dove sono state scattate tutte le foto. Questo è molto utile in particolare se la tua azienda è correlata al viaggiare o se te viaggi molto per lavoro.

La posizione che aggiungi alle tue foto verrà mostrata sopra di esse in ogni post. Le persone possono cliccare la scritta della posizione e vedere tutti i post in quella zona, quindi questo può essere un altro ottimo modo per ottenere seguaci. E se l'edificio in cui lavori è aperto ai clienti allora possono anche sapere dove trovarti. I seguaci che vivono o lavorano vicino alla tua attività sanno dove trovarti, e sarà più probabile che loro interagiscano con te o che portino vantaggi al tuo business.

Puoi attivare o disattivare questa funzione prima di pubblicare un'immagine. Ciò può essere utile se vuoi che un tuo post venga aggiunto alla mappa, ma vuoi che altri non siano presenti. Puoi anche cercare posti vicini, come ristoranti, attrazioni turistiche e altri business.

PUBBLICITÁ SU INSTAGRAM

Come su altre piattaforme, le aziende hanno la possibilità di farsi pubblicità su Instagram. Ci sono tre diversi modi per fare pubblicità:

Annunci fotografici:

Questi sembrano post normali, ma hanno la scritta "Sponsorizzato" sopra l'immagine.

Hanno anche un bottone "Scopri di più" in basso a destra, sotto la foto.

Annunci video:

Come per gli annunci fotografici, sembrano post normali, ma hanno la scritta "Sponsorizzato" sopra di essi.

Annunci a carosello:

Questi annunci sono come gli annunci fotografici, ma possono includere più foto, che possono essere guardate dagli utenti.

Tutti e tre i tipi di annunci compaiono nella pagina principale degli utenti. L'obiettivo di questo tipo di marketing può essere diverso: visualizzazioni sul video, click sul sito, installazioni di un'applicazione, o molte impressioni.

STRATEGIE PER INSTAGRAM

Non sei sicuro su come usare Instagram per il tuo business? Prova alcune di queste strategie:

METTI IN MOSTRA I TUOI PRODOTTI O SERVIZI.

Scatta foto di nuovi prodotti, oppure condividi foto dei tuoi migliori prodotti. Se invece il tuo business si basa sulla distribuzione di servizi, come un ristorante, assicurati di condividere foto inerenti al lavoro che scegli.

MOSTRA IL DIETRO LE SCENE.

Scatta foto e video per mostrare agli utenti come produci i prodotti, in particolare se il processo è unico o interessante, o qualcosa che potrebbe cogliere l'attenzione dei tuoi clienti. Questo non solo porterà contenuto originale sul tuo account, ma mostrerà anche ai clienti e seguaci cosa succede dietro le scene del tuo lavoro.

INCLUDI I TUOI IMPIEGATI.

Rendi la tua pagina Instagram originale in base al marchio che stai cercando di condividere includendo anche foto dei tuoi impiegati al lavoro, o che si stanno divertendo in attività di gruppo.

CHIEDI AI TUOI CLIENTI DI MOSTRARE IL TUO PRODOTTO

Aggiungi il tuo profilo Instagram o i tuoi hashtag personalizzati sui tuoi prodotti o sul materiale delle promozioni per incoraggiare i tuoi clienti a condividere foto del tuo prodotto, servizio o lavoro. In questo modo, gli utenti che vogliono sapere l'origine del prodotto ti possono trovare con semplicità. Assicurati di dedicare ai tuoi clienti le attenzioni necessarie, non solo di mettere qualche mi piace o commento, in modo che loro continuino ad interagire.

PUBBLICA OFFERTE ESCLUSIVE SU INSTAGRAM.

Ringrazia i tuoi seguaci su Instagram offrendogli degli sconti particolari se ti seguono. Per esempio, condividi un'immagine con le istruzioni per ottenere un buono sconto, magari usando un coupon sul sito della tua azienda, o chiedendo agli utenti (quando stanno pagando il prodotto o il servizio) di mostrarti che ti seguono. Questo renderà i tuoi seguaci felici e si sentiranno trattati bene. Sfrutta l'occasione anche per dirgli di consigliare il tuo business ai loro amici.

CONSIGLI E TRUCCHI SU INSTAGRAM

Per ottenere il massimo dal tuo account di Instagram, ricordati di queste cose:

I link non funzionano nella descrizione dei post. L'unico modo per condividere un link funzionante è nel tuo profilo (o mediante un bottone sui post sponsorizzati). Dato che i link non funzionano nelle descrizioni, se stai cercando di mandare i tuoi seguaci ad una pagina specifica, puoi modificare il link nella tua descrizione del profilo per renderizzare le persone ad un link specifico.

Assicurati che i tuoi post siano correlati con il tuo marchio. Potresti pensare di condividere foto di piatti, stile o animali dato che sono molto popolari sulla piattaforma, ma se la tua azienda non tratta di questi argomenti, potrebbe far sembrare il tuo profilo incoerente e confondere i tuoi seguaci. Tuttavia, se riesci a trovare il modo di unire questo tipo di foto con altre correlate al tuo business, potrebbe essere un aiuto alla tua strategia di marketing.

Inizia sempre nuove promozioni. Pubblica un immagine per sponsorizzare dei prodotti omaggio o in offerta e chiedi agli utenti di condividere quella foto con degli specifici hashtag per poter far parte della promozione. Puoi poi cercare quell'hashtag per vedere chi ha condiviso il post e selezionare un vincitore. Le promozioni di questo tipo permettono ai tuoi clienti e seguaci di sponsorizzare il tuo prodotto per te, portando più persone sulla tua pagina.

Rispondi ai commenti degli utenti. Quando le persone commentano le tue foto, cerca di rispondergli. Interagire con i tuoi clienti e seguaci è un ottimo modo per mostrare che ti importa di loro e che ti importa di cosa pensano sui tuoi prodotti. Se i clienti si sentono importanti saranno spinti ad interagire maggiormente con il tuo contenuto.

Inserisci i post di Instagram sul tuo sito. Dalla versione desktop di Instagram puoi inserire del codice specifico per aggiungere delle immagini dal tuo profilo. Questo può mostrare ai tuoi visitatori che sei attivo su Instagram e può portare un maggior numero di persone a seguirti. Ti basta selezionare la foto che vuoi inserire, cliccare i tre puntini in basso a destra e selezionare "Incorpora". Questo aprirà un menu con il codice necessario per inserire la foto nel sito e ti darà la possibilità di includere o meno la descrizione. Da qui ti basterà copiare il codice e incollarlo dove vuoi nel tuo sito.

CAPITOLO 2

COME CREARE UNA STRATEGIA DI MARKETING SU INSTAGRAM

Sai che devi usare Instagram, sai che vuoi essere su Instagram, ma non sai cosa fare su Instagram. Se pensi di essere così, sappi che non sei da solo. Molte aziende sentono la pressione del dover essere su ogni piattaforma online, ma non dedicano tempo alla strategia da utilizzare. Dato che Instagram è molto diverso da altre piattaforme, la strategia di marketing da utilizzare è diversa. Leggi gli argomenti trattati di seguito per iniziare a creare la tua strategia di marketing.

SELEZIONA CHI VUOI RAGGIUNGERE

Come su ogni altra piattaforma, è importante decidere preventivamente il tipo di utenza che si vuole raggiungere. Se hai già utilizzato altre strategie di marketing, puoi attingere da quelle certi particolari. Alcuni fattori che possono essere d'aiuto quando selezioni che tipo di utenza raggiungere sono: età, provenienza, sesso, introito, interessi, motivazioni e punti deboli.

Non sai da dove iniziare? Dai un'occhiata a eventi popolari e hashtag nel tuo campo di interesse che sono correlati al tuo business. Cerca chi sta usando e interagendo con quegli hashtag e guarda i loro profili. Puoi anche controllare i seguaci della competizione. Capire che tipo di utenza raggiungere è più semplice di quello che pensi.

ANALISI COMPETITIVA SU INSTAGRAM

Dopo aver selezionato l'utenza da raggiungere, effettua un'analisi competitiva per capire cosa stanno pubblicando gli altri venditori. Se conosci già quei business inizia cercando il loro profilo Instagram. Se non li conosci cerca termini correlati alla tua azienda per trovarne altre correlate. Osserva rapidamente diversi account e cerca di determinare quali sono i post che ottengono il maggior numero di interazioni, quali hashtag utilizzano, che descrizioni scrivono, quanto spesso pubblicano qualcosa e quanto rapidamente stano crescendo. Queste informazioni saranno utili per definire come iniziare a far crescere il tuo account.

Mentre stai osservando cosa fa la competizione, ricordati di segnare anche le opportunità che hanno perso. Aggiungere contenuto unico al tuo profilo ti aiuterà a distinguerti dalla massa.

IMPOSTARE UN CALENDARIO

In media, le aziende pubblicano sei immagini alla settimana su Instagram – il che porta a più di 300 post all'anno! Con tutti questi post, può essere difficile tenere traccia di tutto ciò che pubblichi e di quello che dovrai pubblicare. Creare un calendario può essere utile per ricordarti cosa devi fare senza perdere troppo tempo. Puoi inserire nel calendario alcuni contenuti originali che devi pubblicare, descrizioni, hashtag e orari per pubblicare in anticipo. Il tuo calendario è anche un ottimo modo per ricordarti di eventi importanti che vuoi condividere sul tuo profilo, come nuovi prodotti o offerte speciali. Senza un calendario, potresti sprecare troppo tempo nel cercare contenuto originale, perdendo l'occasione di cogliere altre opportunità.

CREARE UN MARCHIO RESISTENTE SU INSTAGRAM

Un contenuto casuale o non correlato confonderà gli utenti e ti porterà a perdere seguaci. Per evitare che ciò accada, è importante mantenere costante la quantità di materiale pubblicato e l'aspetto estetico del tuo marchio. Per determinare che stile vuoi usare, inizia a pensare alla personalità che si abbina al tuo marchio. Quali sono i punti forti della tua azienda?

Per esempio, Apartment Therapy si è ispirato al concetto di #foodporn, piatti squisiti dall'aspetto invitante, e lo ha applicato agli appartamenti. La personalità del marchio è molto definita, organizzata e ordinata, e il marchio riflette tutte e tre queste caratteristiche. Tipicamente, una persona dovrebbe essere in grado di capire da dove proviene una foto che vede nella pagina principale semplicemente guardandola.

Una volta determinata la personalità che vuoi associare al tuo marchio puoi iniziare a definire il contenuto che ci si abbina. Questo può essere riferito anche ai colori presenti nelle foto che pubblichi.

Dovresti anche cercare di pubblicare immagini che seguono la "narrazione" del tuo marchio. Un esempio può essere la Red Bull, che ha una galleria di immagini riguardanti attività fisiche che richiedono molta energia, immagini e video che si legano alla storia del prodotto.

CAPITOLO 3

COME CONVERTIRE I SEGUACI IN CLIENTI

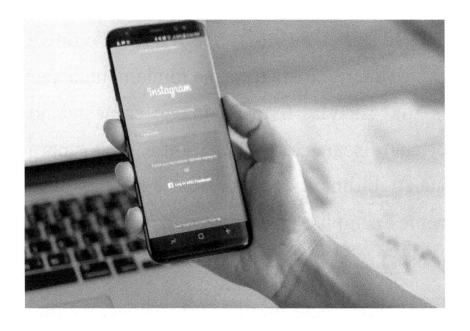

Instagram ha oltre 500 milioni di utenti attivi. Le statistiche di Instagram potrebbero essere descritte come sbalordenti e incoraggianti. Instagram ha oltre 500 milioni di utenti attivi, 300 milioni dei quali sono attivi giornalmente, l'80% dei quali è situato fuori dagli Stati Uniti. Vengono scambiati 4.2 miliardi di mi piace ogni giorno e vengono pubblicate 95 milioni di foto. Questo è semplicemente fantastico ed è una miniera d'oro per le aziende.

Queste statistiche dovrebbero farti riflettere e capire quanto Instagram sia fondamentale per la tua azienda. Il problema è: come fai ad ottenere seguaci su Instagram e trasformare questi ultimi in clienti fidati? Ti mostrerò come è semplice fare ciò seguendo dei semplici passaggi.

Una volta create una base di seguaci stabile, puoi iniziare a convertire questi seguaci in clienti. Ci sono diversi modi per fare ciò, tra i quali:

1) Promozioni: Offerte, sconti e altri tipi di promozioni sono un ottimo modo per portare

i tuoi seguaci ad acquistare da te. Assicurati di specificare cosa è necessario fare per ricevere le offerte e quando queste offerte scadono per spingere i tuoi seguaci a prenderne parte in fretta.

2) Concorsi: Cosa c'è di meglio per rendere qualcuno un tuo cliente se non lasciargli provare il tuo prodotto? Promuovi i tuoi concorsi chiedendo ai tuoi seguaci di pubblicare del contenuto con un hashtag specifico per prenderne parte.

3) Donazioni: Secondo uno studio recente, l'81% dei millennials si aspetta che le grandi aziende si impegnino a fare donazioni. Fare ciò può migliorare l'immagine del tuo marchio e trasformare i seguaci in clienti. Per esempio, Gap era diventato partner di The Global Fund

per combattere l'AIDS in Africa. Dal 2006 sono stati raccolti circa 130 milioni di dollari.

4) Anteprime: Instagram è un'ottima piattaforma per mostrare alla tua utenza nuovi prodotti prima che siano messi in commercio. Devi comunque stare attento a non esagerare con il contenuto sui nuovi prodotti per evitare di intasare la pagina principale dei tuoi clienti, bastano poche immagini.

5) Presenta un prodotto in diretta: Per certi prodotti, potrebbe anche essere efficace fare una diretta in cui vengono presentati. Puoi portare i tuoi seguaci ad acquistare il prodotto mediante un link nella descrizione del tuo profilo.

COME OTTENERE PIÚ SEGUACI SU INSTAGRAM

Hai aggiunto tutto il contenuto necessario e hai usato gli hashtag corretti, quindi ora ti starai chiedendo come ottenere più seguaci su Instagram. Che tu sia un'azienda già popolare con migliaia di seguaci, o che tu abbia appena iniziato, aumentare il numero di seguaci richiede tempo e fatica. Potresti essere tentato di scegliere la strada più breve e acquistare dei seguaci, ma farlo non è conveniente. Comprare i seguaci non porta nessun vantaggio, per questo motivo devi assicurarti che i tuoi post vengano mostrati sulla schermata principale dei tuoi utenti. Ci sono diversi aspetti su cui ti puoi concentrare per aumentare il numero di seguaci. Iniziamo!

Per prima cosa, assicurati che il tuo username sia semplice da ricordare e da cercare. Se le persone non riescono a trovarti, non potranno seguirti! Successivamente, riempi la tua descrizione. È l'ultima cosa che qualcuno vede prima di prendere la decisione di seguirti, quindi assicurati di includere chi sei e cosa fai.

Una volta ottimizzato il tuo profilo, inizia a pubblicare! È un'ottima scelta quella di avere un buon numero di post (circa 15) prima di iniziare a interagire con gli utenti e di impegnarsi per guadagnare seguaci. Se le persone vedranno il tuo profilo vuoto, saranno meno propensi a seguirti. Dato che all'inizio non avrai molti post, assicurati che siano di alta qualità. I tuoi follower di Facebook e Twitter potrebbero non dare importanza a qualche post di scarsa qualità, ma su

Instagram, una foto di bassa qualità può rovinare un profilo.

Dopo aver pubblicato un po' di contenuti, inizia a seguire gli account che hanno i tuoi stessi interessi. Pensa ad Instagram come ad una comunità – cerca altre aziende nella tua zona o influencers che potrebbero essere interessati ai tuoi prodotti. Dopo aver seguito un account, interagisci con il suo contenuto. È il modo più naturale per attirare l'attenzione sul tuo profilo senza essere troppo invasivo. Quando segui o interagisci con un account, il proprietario riceverà una notifica, la quale li potrebbe portare a visualizzare il tuo profilo e a seguirti. Ricordati di dare importanza a chi ti segue rispondendo ai loro commenti e interagendo con i loro post.

Successivamente, incoraggia gli altri a condividere il tuo contenuto. Invita altre aziende a condividere il tuo profilo o collabora con account simili al tuo. Per esempio, un negozio locale potrebbe collaborare con uno stilista conosciuto per pubblicizzare il nuovo stile della stagione.

In fine, ma non di minor importanza, promuovi il tuo Instagram su altri canali. Includi la possibilità di condividere su Instagram il contenuto del tuo sito, o incoraggia gli utenti di un'altra piattaforma a seguirti su Instagram. A volte il metodo più efficace per ottenere seguaci è quello di chiederli!

7 METODI EFFICACI PER AUMENTARE I SEGUACI SENZA PAGARE

1. Iscriviti con Facebook: Questo è il metodo più veloce per creare il tuo account di Instagram. Ti permetterà di seguire i tuoi amici che sono già su Instagram e di conseguenza li spingerà a seguirti. I tuoi amici e famigliari saranno le prime persone a seguirti su Instagram e ti daranno la spinta iniziale per ottenere sempre più seguaci.

2. Foto di qualità: La cosa più importante su Instagram è la qualità delle foto, assicurati che siano di alta qualità prima di pubblicarle su Instagram. Avere foto di qualità sul tuo profilo ti permetterà di avere più mi piace, commenti e più seguaci interessati al tuo campo di

lavoro. Se utilizzi una fotocamera per scattare le foto, assicurati che l'illuminazione e la messa a fuoco siano perfette se vuoi che diventino virali su Instagram.

3. Metti mi piace alle foto di altri: Chiamo questo trucchetto "guarda che ci sono". È come il tuo primo giorno a scuola, non conosci nessuno, e l'unico modo per far interagire le persone con te è quello di fare il primo passo e introdurti con loro. Quando metti mi piace alle foto degli altri, questi visiteranno il tuo profilo e decideranno se seguirti e mettere mi piace a loro volta. Questo è un ottimo metodo per avviare il tuo profilo di Instagram.

4. Segui gli altri: Questo è il metodo più veloce per aumentare i seguaci su Instagram. Quando segui qualcuno, spesso quella persona deciderà di seguirti, creando una connessione

tra voi due, questo ti permetterà di aumentare la tua base di seguaci e di mi piace sulle tuo foto. Segui gli altri per ottenere più seguaci.

5. Commenta le foto degli altri: Questo metodo richiede più tempo, ma i risultati ne valgono la pena. Quando commenti le foto di qualcuno, la possibilità che loro ti seguano e mettano mi piace al tuo profilo è alta. Dedica del tempo al marketing su Instagram e commenta le foto degli altri per aumentare la tua base di seguaci.

6. Usa Hashtag efficaci: Gli hashtag hanno giocato un ruolo importante su molti social network, e Instagram non è un'eccezione. Utilizzare gli hashtag corretti porta ad una maggiore visibilità e popolarità su Instagram. Più hashtag usi, più le tue foto verranno viste. Questo porta a più mi piace, seguaci e

commenti, che ti aiuteranno a crescere su Instagram.

7. Fai scambio di esposizione: questo è un semplice metodo per promuovere gli altri mentre loro promuovono te. Entrambi gli utenti ne traggono vantaggi. Questo metodo ti permette di promuovere il tuo profilo gratuitamente. Devi semplicemente trovare persone nel tuo campo di interesse e contattarli per chiedergli uno scambio. Puoi farlo sia tramite una email che un messaggio diretto su Instagram.

CAPITOLO 4

TRUCCHETTI POCO CONOSCIUTI PER INSTAGRAM

Ora che conosci le basi di Instagram, è il momento di iniziare a conoscere dei trucchetti per ottenere il massimo dall'applicazione.

1) L'ORARIO MIGLIORE PER PUBBLICARE SU INSTAGRAM

Dato che Instagram è un'applicazione, gli utenti sono online tutto il giorno. Tuttavia, ci sono delle fasce orarie in cui pubblicare del contenuto garantisce la migliore esposizione. I momenti migliori sono il Lunedì e Mercoledì, ogni ora tranne dalle 3 alle 4 di pomeriggio per la zona oraria alla quale stai mirando. Molti utenti tendono ad interagire di più durante le ore in cui non lavorano nei giorni della settimana.

2) COME COLLEGARE INSTAGRAM CON LA TUA PACIGNA FACEBOOK

Una delle funzioni particolari di Instagram è quella che ti permette di condividere tutti i tuoi post su qualsiasi altro social network. Per quanto questo possa sembrare una buona idea, non è consigliato collegare in automatico tutti i tuoi profili sulle altre piattaforme. Quello che funziona su Instagram non funziona necessariamente anche su altre piattaforme. Tuttavia, collegare i tuoi profili aumenta il numero di visualizzazioni dei tuoi post. Nota: se accedi ad Instagram con Facebook, le tue pagine saranno già collegate in automatico.

Se decidi di fare questo, Instagram lo rende molto semplice. Per collegare il tuo profilo Facebook con Instagram, vai sul tuo profilo di Instagram, apri il menu "Impostazioni" e cerca l'opzione "Account collegati". Se non hai già eseguito il login con Facebook sul telefono, verrai indirizzato a fare quello, e successivamente dovrai collegare la pagina che desideri al tuo account. Sarai poi mandato sulla pagina "Opzioni di condivisione" e il logo di Facebook dovrebbe essere indicato come attivo.

3) COME VEDERE I POST A CUI HAI MESSO MI PIACE

Hai mai desiderato di poter semplicemente vedere tutti i post a cui hai messo mi piace su Instagram? Puoi farlo! Puoi vedere tutti i post a cui hai messo mi piace dal menu "Impostazioni" sul tuo profilo, scorrendo fino a "Post piaciuti", e scorrendo fino a quando non hai trovato la foto che cercavi.

4) COME RIORDINARE I FILTRI DI INSTAGRAM

Per risparmiare tempo quando carichi una foto, Instagram ti permette di riordinare i filtri in modo da vedere i tuoi preferiti all'inizio. Per riordinare i filtri, inizia a modificare una foto come faresti normalmente. Scorri poi all'estrema destra dei filtri e clicca l'icona "Personalizza". Poi ti basterà tener premuto sui tre puntini dei filtri per muoverli come preferisci, oppure togliere la spunta dal menu sulla tua destra per nascondere un filtro.

5) COME INSERIRE LINEE VUOTE NELLA DESCRIZIONE

Potresti aver notato che mentre scrivi una descrizione sotto un post di Instagram, il bottone "invia" o "a capo" della tastiera è disabilitato. Il segreto per farlo ricomparire è quello di premere il tasto "123" e il bottone tornerà. Ricorda, Instagram mostra solo le prime tre righe della descrizione, e obbliga gli utenti a cliccare "mostra altro" per vedere tutta la descrizione, quindi attento a come usi le righe vuote.

6) NASCONDI I POST IN CUI SEI STATO TAGGATO

Se qualcuno ti tagga in un post, potrai vederlo cliccando sull'icona del suo profilo a destra del tuo profilo. Per rimuovere un post nel quale sei stato taggato, clicca i tre pallini in alto a destra e seleziona "Nascondi foto", seleziona il post che vuoi rimuovere e clicca "Nascondi foto" di nuovo. Questo non rimuoverà il post da Instagram, ma la rimuoverà dal tuo profilo.

Se non vuoi dover rimuovere i post in cui sei stato taggato, puoi selezionare di includere solo quelli che ti piacciono. Clicca i tre puntini e seleziona "Opzioni tag". Puoi successivamente selezionare "Aggiungi manualmente". Da qui in poi, verrai notificato quando qualcuno ti tagga su una foto. Quando succederà, clicca sulla foto in cui sei stato taggato e seleziona "Mostra sul profilo".

INSTAGRAM ANALYTICS

Purtroppo, Instagram non possiede una piattaforma di statistiche molto dettagliata come Facebook. Quando passi ad un account aziendale, otterrai l'accesso a statistiche limitate, come la crescita dei seguaci, impressioni, visite e interazioni cliccando "Visualizza statistiche" sotto alle immagini e ai video che carichi. Puoi anche registrare le visualizzazioni, spese e interazioni per i post sponsorizzati mediante Facebook. Per quanto queste statistiche possano essere utili, sono limitate ai singoli post e sponsorizzazioni, non mostrando tutti i dati necessari.

La buona notizia è che puoi accedere a statistiche più dettagliate mediante l'utilizzo di software di terze parti. Iconsquare e Simply

Measured ti permettono di ottenere statistiche come seguaci e interazioni per periodo di tempo, orari migliori per pubblicare basati sugli altri post, e la tua performance rispetto ad altri account. Anche se entrambe le piattaforme sono a pagamento, puoi iniziare con una prova gratuita per vedere se le statistiche che forniscono sono adatte alla tua necessità.

Anche se le statistiche che puoi ricavare da Instagram dipenderanno molto dai tuoi obiettivi, alcune delle più importanti sono il numero delle interazioni (mi piace e commenti) e il numero di seguaci nel tempo. Se stai pubblicando contenuto che gli utenti trovano interessante, il tuo account subirà una crescita costante nel tempo. Anche se non hai intenzione di pagare per un servizio di statistiche, è importante tenere traccia di questi dati per assicurarti che il tuo account stia crescendo continuamente.

CAPITOLO 5

10 ERRORI NEL MARKETING SU INSTAGRAM CHE NON DEVI COMMETTERE

Se la tua azienda non è su Instagram, stai perdendo molte opportunità. Questa piattaforma per la condivisione di foto e video ha più di 400 milioni di utenti, e se la usi correttamente (e riesci a scattare foto ottimali), potresti essere in grado di ottenere un enorme successo. Il segreto è di non commettere questi errori da principianti che ti faranno perdere seguaci, come vendere troppi prodotti o pubblicare immagini e video di bassa qualità.

1. NON PUBBLICARE FOTO NON ORIGINALI

L'errore più grande che un marchio può commettere su Instagram è quello di pubblicare sul suo profilo immagini che non ha prodotto. Questo fa sembrare il profilo meno originale. Inoltre, si rischia di incorrere in un problema di copyright se l'immagine o il video pubblicato non ha il certificato creative common. Le aziende che vogliono avere successo su Instagram devono essere sicure di star pubblicando contenuti originali e non semplicemente grafiche copiate.

2. NON PUBBLICARE FOTO NOIOSE DI PRODOTTI

Le foto di prodotti su uno sfondo bianco non si abbinano alla perfezione con l'ambientazione creata da Instagram, eppure molti marchi commettono questo errore. Le aziende devono cercare di creare uno stile unico per i loro prodotti che sia adatto alla storia del marchio e che possa attirare gli utenti.

3. NON DIMENTICARE DI INTERAGIRE CON GLI ALTRI

Le aziende che pubblicano contenuti e basta si aspettano che gli utenti arrivino senza dover fare niente, ma a differenza delle altre piattaforme, Instagram richiede di essere attivi per poter guadagnare esposizione. Commentando i post che ti piacciono e cercando hashtag o parole chiave particolari le aziende possono ottenere un vantaggio competitivo, che porta spesso ad un grande aumento di seguaci.

4. NON PUBBLICARE SENZA UNA STRATEGIA

Le aziende che pubblicano contenuti senza una strategia o senza costanza stanno perdendo un'enorme opportunità per interagire con la loro utenza. Quando guardi il profilo di un'azienda, vuoi che l'aspetto sia organizzato e ben definito. Questo dipende dai filtri che usi, dalla descrizione e dal tipo di foto che pubblichi. Per esempio, se la tua azienda vende molteplici prodotti, le tue ultime tre foto non dovrebbero essere dello stesso prodotto, ma non dovresti nemmeno avere solo foto dei tuoi prodotti. Devi riuscire a creare un insieme di prodotti, momenti della giornata e contenuto creato dagli utenti.

5. NON PUBBLICARE TROPPO SPESSO

Un altro errore molto diffuso tra chi possiede un account aziendale su Instagram è quello di pubblicare troppo spesso. Una volta al giorno è perfetto, anche due potrebbero non essere un problema. Se è la foto di un evento, o alcune foto di quell'evento non è un problema, ma non riempire il profilo con dozzine di foto.

6. NON CONTINUARE A PROMUOVERE I PRODOTTI

Il più grande errore che le aziende commettono è quello di provare sempre a vendere il loro prodotto. Instagram (e altri social network) non sono basati sulla vendita di prodotti. Si basano invece sulla costruzione di una relazione tra le persone. Le vendite sono il risultato di un'ampia rete di contatti con gli utenti e di contenuto di qualità.

7. NON PUBBLICARE FOTO DI BASSA QUALIT

Un altro errore molto diffuso è quello di caricare contenuto di bassa qualità. Pensa ad Instagram come un posto dove la tua azienda si può mettere in mostra. Il tuo profilo dovrebbe essere una galleria curata attentamente che deve ispirare i tuoi seguaci. La qualità è uno dei valori più importanti.

8. NON RENDERE DIFFICILE TROVARE I PRODOTTI

Le aziende che non rendono semplice acquistare i prodotti che i loro seguaci vedono su Instagram stanno perdendo una grande opportunità. Se hai una base di seguaci che interagiscono sei già a metà strada, ma devi anche fare in modo che non sia difficile acquistare i prodotti che promuovi. Come utente, non c'è niente di più brutto di innamorarsi di un oggetto su Instagram per poi non riuscire a trovarlo online. Per evitare che ciò accada assicurati di avere link funzionanti sul tuo profilo e che i potenziali acquirenti non facciano fatica a trovare il prodotto.

9. NON USARE HASHTAG SBAGLIATI

Uno dei più grandi errori che un'azienda può commettere su Instagram è quello di utilizzare hashtag sbagliati, lo vedo accadere ogni volta. Un marchio ha bisogno degli hashtag corretti per poter crescere nel migliore dei modi e essere trovato semplicemente dagli utenti. Spesso le aziende usano 20 hashtag su un solo post, invece che concentrarsi sulla strategia da usare. Questo è un ottimo modo per annoiare l'utenza e non aumentare il numero di seguaci. Non usare hashtag come ThrowbackThursday per condividere una foto del costume che stai vendendo!

10. NON USARE TROPPI HASHTAG

La mia opinione riguardo gli hashtag è che non dovresti mai usarne più di tre alla volta. Questo è il motivo per cui trovo fastidioso le aziende che ne usano 20 o 30 per ogni post. Usare pochi hashtag ma rilevanti è molto più importante che usarne tanti ma senza rilevanza. Come disse Matt Bellassai di BuzzFeed, "Gli hashtag sono per i deboli e disperati".

CONCLUSIONE

Come utilizzare Instagram dal punto di vista
aziendale

Per aumentare l'efficacia della tua strategia di
marketing su Instagram, dovrai aumentare il
tuo numero di seguaci costantemente.
Maggiore è il numero di persone che

conoscono il tuo marchio, maggiori saranno le tue possibilità di raggiungere più utenti. Ripassiamo rapidamente i consigli per utilizzare Instagram dal punto di vista aziendale.

1. UTILIZZA HASHTAG UNICI ED EFFICACI

Gli hashtag non sono utili solo su Twitter; hanno anche un ruolo importante su Instagram. Sono uno strumento che permette alle aziende di essere trovate più semplicemente. A differenza di Twitter, non hai un limite di caratteri. Per scegliere gli hashtag da inserire nelle descrizioni, è importante scegliere un hashtag unico per il tuo marchio, che ti permetterà di connetterti con gli altri utenti. Prova diversi tipi di hashtag, dai più generali a quelli in tendenza per essere trovato da più utenti.

Esempi di hashtag specifici per le aziende sono:

#PutACanOnIt-Red Bull

#TweetFromTheSeat-Charmin

#OreoHorrorStories-Oreo

#WantAnR8-Audi

Un hashtag ottimale potrebbe essere dato dall'unione di due parole in una sola, come per esempio invece di #QL, è meglio optare per #AskQL.

2. INTERAZIONI CONTINUE CON GLI UTENTI

Quando inizi ad ottenere seguaci, ricordati di interagire continuamente con loro. Posta con costanza ciò che i tuoi seguaci potrebbero

trovare interessante e evita di pubblicare materiale a caso. Pubblica almeno due volte al giorno. Quando i tuoi seguaci iniziano ad aumentare puoi iniziare a pubblicare dalle 3 alle 4 volte al giorno. Secondo Anthony Carbone, "Se pubblichi con interesse autentico per un campo, inizierai a essere seguito da sempre più persone".

Più persone riesci a coinvolgere nelle tue interazioni, meglio sarà per te, dato che sfrutterai l'interesse degli altri utenti che vogliono contribuire commentando il tuo contenuto.

3. NON ANNOIARE I TUOI SEGUACI CON MATERIALE RIPETITIVO

Senza dubbio la costanza è importante, ma se manca l'armonia e la coordinazione, il contenuto che pubblichi andrà solo ad annoiare l'utenza. Mantieni un ritmo giusto e costante. Invece di riempire la pagina principale degli utenti con i tuoi post, cerca di interagire con loro. È meglio chiedere qualche volta, dovrebbero sentirsi importanti.

4. UTILIZZA TUTTI GLI STRUMENTI GRATUITI

Instagram fornisce anche dei dettagli e statistiche per i profili aziendali, cerca di utilizzarli correttamente per trarne i maggiori vantaggi. Per esempio, "insights" è uno strumento di analisi che ti permette di visualizzare statistiche sul tuo profilo. Se il tuo account inizialmente è privato, convertilo in aziendale il prima possibile. Questo è come puoi trarre i maggiori vantaggi da questa piattaforma. "Insights" ti permette di analizzare e capire che tipo di utenza ti segue, e ti fornisce dati sui post e sulle interazioni, permettendoti di decidere quali post sono più effettivi per la tua strategia e per la tua utenza.

5. RIUTILIZZA IL CONTENUTO RICAVATO DA ALTRE FONTI

Come detto precedentemente, una strategia efficiente richiede una quantità di post costante. È ovvio che creare nuovo contenuto originale ogni volta non è così semplice come sembra. E qui è dove entrano in gioco i contenuti che possono essere personalizzati e riutilizzati. Questi contenuti ti possono fornire contenuto interessante per i tuoi utenti, al semplice prezzo di una menzione al creatore originale, e senza ricadere sotto la categoria del plagio. Devi assicurarti in ogni caso che il contenuto che utilizzerai sia rilevante per i tuoi seguaci.

Il marketing su Instagram può aiutarti a raggiungere più in fretta i tuoi obiettivi aziendali. Usa Instagram nel modo corretto e aumenta le tue vendite esponenzialmente!

Ci sono molti altri modi e consigli per vendere al meglio su Instagram oltre a questi 5, che dovresti sempre utilizzare.

.

Lightning Source UK Ltd.
Milton Keynes UK
UKHW020658240521
384264UK00005B/147